Märkte und Läden in großen Touristenmetropolen wie auch in kleinen Dörfern sind Augenweide und Ohrenschmaus, Geschmackskitzel und Anreiz für den Tastsinn. Was inzwischen vielfach verpönt ist, kann hier auch voll zur Geltung kommen: Man wagt wieder zu handeln, und ist später davon überzeugt, einen besonders glücklichen Zugriff getan zu haben . . . auch wenn oft das Gegenteil der Fall ist.
Für dieses «Bibliophile Taschenbuch» haben Klaus D. Appuhn (Fotos) und Ruprecht Skasa-Weiß (Nachwort) die Atmosphäre vieler Märkte eingefangen und damit eine stimmungsvolle Reportage von dieser «Bühne des Lebens» geschaffen.

جنة فواكه نعمة
قاصد
كريم
نصر من الله وفتح قريب

Klaus D. Appuhn

Wohlfeil und köstlich

Märkte, Läden und Händler in aller Welt

Mit einem Nachwort von Ruprecht Skasa-Weiß

Harenberg

Titeletikett: Unter den Arkaden von La Rochelle (siehe Seite 66/67)

Frontispiz: Mobiler Saftstand in Kairo (siehe Seite 24/25)

Die bibliophilen Taschenbücher Nr. 336

Gesamtherstellung: Druckerei Hitzegrad, Dortmund
Printed in Germany

Inhalt

Die Abbildungen Seite 7

Nachwort Seite 141

Gemüsehändler vor den Athener Markthallen

Frische Bohnen (Fasolja) diverser Preislagen – in Jutesäcken eine hochdekorative Warenauslage.

Haushaltsgeräte-Magazin in der Athener Altstadt

Praktisches, Nützliches, Notwendiges – für jedermanns Küche und Haushalt.

Folgende Doppelseite:

Kuskus-Wagen in Kairo

Feierabend und Reinemachen nach einem bewegten Verkaufstag – mit Kuskus, dem Hauptnahrungsmittel am Nil.

BAMBOO MEAT SKEWER
BAMBOO MEAT SKEWER

رب اشرح

Kolonialwarenladen in Athen

In prallgefüllten Säcken werden Reis, Bohnen und vieles mehr angeboten. Der altbewährte Jutesack ist immer seltener zu sehen . . .

Folgende Doppelseite:

Auf dem Markt in Iraklion/Kreta

Die Kleintiere sind nicht zur Volksbelustigung mit einer Menagerie unterwegs. Geduldig dösen die Kaninchen ihrem Schicksal entgegen, während dem kleinen Welpen nicht ganz wohl in seiner Haut zu sein scheint und die Entenküken in der Mittagshitze ihre Hälse nach der Tränke recken.

900

Auf dem Münchner Viktualienmarkt

Beschattet von dekorativen Markisen, warten an diesem Stand vielerlei Weine auf ihre Käufer – süffige «Tropfen» vornehmlich französischer Provenienz.

Folgende Doppelseite:

Der Mercado Água de meniuos in Salvador-Bahia/Brasilien

Papayas und Limonen in Hülle und Fülle. Die erfrischende Batida, das brasilianische Nationalgetränk besteht aus Cachaça (água ardente) und Limonen. Der Mercado-Água ist neben dem Mercado Modêlo der berühmteste Marktplatz der Stadt, am Wochenende bleibt er sogar nachts geöffnet. Die Vielfalt der Waren entspricht der Vielfalt der Gerüche; ständig drängt sich hier eine bunte Menge.

ANTARCTICA
ANTARCTICA

Tomatenhändler auf dem Gemüsemarkt von Athen

Tomaten aller Reifegrade, chromblitzend überragt von der Wiegeskala.

Folgende Doppelseite:

In Luxor am Nil

Hier hat der Kärrner im Land der Pyramiden seine Wassermelonen aufgebaut und attraktiv hochgetürmt, gleichfalls pyramidal.

45
35

جنة فواكه نعمة
قاصد كريم
نصر من الله وفتح قريب

Auf dem Stuttgarter Wochenmarkt

Spitzkraut (eine Spezialität der «Filder» um Stuttgart) und Kürbisse, der Übergröße wegen in handliche Portionen zerteilt: Eine Wochenmarktofferte unter der klaren, kalten Novembersonne unserer Breiten.

Linke Seite:

Mobiler Saftstand in Kairo

Ein echter Saftladen, der allein den vorzüglichen Papaya-Trank anbietet, auch wenn die pittoreske «Ladenfront» Saftvielfalt verspricht. In der hitzeflirrenden ägyptischen Metropole ein immer willkommenes Getränk.

Olivenhandel en gros und en détail

Wer in Athen Oliven feilhält, kann meist Ölbaumfrüchte aus dem ganzen ägäischen Raum anbieten – sorgsam sortiert nach Art und Güte.

177
130
ΑΓΡΙΝΙΟΥ
66
85
45

In der Altstadt von Athen

Ein Kolonialwarenladen, wie er typisch ist für die griechische Hauptstadt, die Drehscheibe zwischen Okzident und Orient.

Μάνα
Μάνα
450
FORTE GAS

In der Altstadt von Kairo

Wenn die Ladenfläche nicht ausreicht, kommt die Mauernische gut zupaß. Kinder haben ihre selbstgebastelten Gefährte vorm Tisch des Händlers geparkt, und selbst die glückbringende Hand der Fatima ist, an den Nüstern des Mulis baumelnd, allgegenwärtig.

Folgende Doppelseite:

Trödler in Karlsruhe

Eine ausgediente Maschinenhalle als Schauplatz eines riesigen Recyclings. Vom alten Drahtesel bis zur Zinkbadewanne, vom Staubsauger bis zum Nachttopf gibt es hier alles, was billig und wieder verwendbar ist. Herr Settembrini verkauft zum Minimaltarif – an Leute mit maximaler Sammler- und Bastlergesinnung.

In den Souks von Kairuan/Tunesien

Ein ramponierter Kinderwagen taugt, wenn auch nicht mehr für Kinder, dann immerhin als Kleinstladen für orientalische Spezereien, selbstgehämmerte Anhänger und doppelzinkige Kämme.

Folgende Doppelseite:

In der Athener Markthalle

Was man braucht, um die Vorspeisen (mezédes) köstlich abzuschmecken – hier findet man es mit Sicherheit; auch Fischrogen für den delikat komponierten Táramosaláta.

Laden auf Amorgos/Kykladen

Das Angebot im Fenster läßt ein Fachgeschäft erwarten. Aber drinnen gibt's alles, was der Inselbewohner zum täglichen Leben benötigt.

Folgende Doppelseite:

Auf dem Flohmarkt in Konstanz

Wohnzimmerkultur, ausgebreitet auf dem Straßenkreuzer aus den sechziger Jahren. Während die Dame in Öl sich mit den beiden Sonnenanbetern zu messen scheint, demonstriert der Jägersmann bajuwarische Gemütlichkeit.

Auf dem Markt in Recife/Brasilien

Im Nordosten von Brasilien ist das Warenangebot karg, die Region zählt zu den ärmsten des Landes. So betäubt sich manch einer mit Zuckerrohrschnaps (Cachaça), um sich über seinen schmalen Tagesgewinn hinwegzutrösten.

Folgende Doppelseite:

Gemischtwarenladen auf Amorgos/Kykladen

Die Magazine auf den abgelegenen Inseln der Ägäis sind manchmal veritable kleine Warenhäuser. Hier bekommt man fast alles, was in Küche und Haus vonnöten ist, selbst eine neue Klosettschüssel. Der favorisierte Fußballverein ist allgegenwärtig.

Fleischerladen in Kairo

Was gibt's hier? Kamelfleisch. Der Hund wartet geduldig auf den Abfall,
unbekümmert um das Verbotsschild «Wir dürfen nicht rein»,
das seinen mitteleuropäischen, an Dosenfutter gewöhnten Artgenossen
vorbehalten bleibt.

deutschen Landen
Kürbiskerne
Mandarinen
Boskoop
Mandarinen

Bei Pangani, südlich Daressalam/Tansania

Im kleinen Dorf am Indischen Ozean der einzige «stationäre» Obststand, errichtet in traditioneller Lehmbauweise.

Linke Seite:

In der Altstadt von Bad Cannstatt

Plakate, konkurrierend mit dem, wofür sie werben:
Äpfel, Design-Klasse A, paßgerecht für die EG-Schablone, garantiert künstlich gedüngt und gespritzt, aber penibel verpackt gegen Bakterien der Luft.

In der Chora von Amorgos/Kykladen

Fischers Töchterlein, Kundschaft erwartend. Die Waage stammt aus der nächsten Taverne, Vater lieh sie dort aus, bevor er muschelblasend loslief durch die Gassen, um mit dem Sirenengetön auf seinen Fang hinzuweisen.

Kartoffelstand im Marktviertel von Athen

Fein geschichtet vor der Wand im grünen Glanzlack: neue Kartoffeln mit Schalen so dünn wie Seidenpapier.

Auf dem Pasinger Wochenmarkt/München

Ostern steht vor der Tür, weiß oder farbig – die Henne, die dies möglich machte, gibt's gerupft und ausgenommen gleich dazu.

Die Stuttgarter Markthalle

Der Bau, zu Beginn des Ersten Weltkriegs errichtet, steht heute unter Denkmalschutz. Unterm Dach gibt es nicht nur einheimische, sondern (dank den Gastarbeitern) auch viel südländische Kost. Der Hinweistafel bedarf es kaum – die Ware spricht für sich.

Folgende Doppelseite:

Die Fischhalle in der Athener Markthalle

Wenn man rechtzeitig eintrifft und die von Lake triefenden Gänge der schönen alten Halle durchwandert, findet man beinah alles, was das Mittelmeer (noch) zu bieten hat.

HANS GASPARIAN 7STGT.1 TEL.
„AUSLÄNDISCHE SPEZIALITÄTEN

Metzger in Iraklion/Kreta

Stramm in Reih und Glied und scheinbar lackiert stehen die Haxen hier über den Kutteln, als ob sie was Besseres wären.

In der Oase Temacine in der algerischen Sahara

Die einzige «Metzgerei» in der kleinen Oase bei Touggourt. Fleisch ist rar, und jede Schlachtung wird zum Ereignis, das die Dorfbewohner interessiert umlagern.

Straßenszene in Kairo

Bücher und Hefte in der Gosse: die einfachste Form eines Literaturangebots.

Friseur auf dem Trödelmarkt bei Constantine/Algerien

*Nichts, was es hier nicht gäbe – garantiert benutzt, meist abgenutzt;
von der rostigen Schraube bis zum verbogenen Bettgestell.
Dazwischen der Coiffeur, mit Muße seiner Kundschaft harrend.
Hat etwa auch er sein Arbeitswerkzeug auf diesem Markt erstanden?*

Rechte Seite:

In der Altstadt von Kairo

Die einen dösen, die andern obliegen dem Dominospiel.

Auf einem Markt in Rio de Janeiro/Brasilien

Der Verdienst ist gering für die Armen von Rio; um so mehr Zeit bleibt ihnen, sich fitzuhalten mit Vitamin C und zu träumen, sie brächten es eines Tages zu Ruhm und Reichtum wie Pelé.

Linke Seite:

Unter den Arkaden von La Rochelle

Frutti di mare auf dem Trottoir. Was der Atlantik zwischen Arcachon und der Ile d'Oleron zu bieten hat – hier finden wir's wieder im Schatten der Arkaden: Krabben, Krebse, Austern, Pfahlmuscheln, Garnelen – und Langusten, die wie überdimensionale Heuschrecken ins Meeresgetier-Angebot einzufallen scheinen.

Baumwollhändler in Kairo

Baumwolle ist Ägyptens wichtigster Exportartikel. Oft läßt die Enge der kleinen Läden nur das «Betreten» der Ware zu, und sobald morgens das Metallrollo scheppernd hochgeschoben wird, quillt das Geschäft buchstäblich über.

الله اكبر

Im Basar Khan el Khalili in Kairo

Hübsch anzusehende Gläser, mit allerlei Süßigkeiten und Räucherwaren gefüllt. Auch dieser Händler ist – wenn auch nicht «fliegend» – ambulant, wie viele seiner Geschäftskollegen aus anderen Branchen.

Rechte Seite:

Auf dem Münchner Viktualienmarkt

Selbst Demeter, die verwöhnte griechische Fruchtbarkeitsgöttin, hätte an solcher Fülle ihre Freude gehabt: Marmeladen, Kompotte, eingelegte Nüsse und Mark – nichts leichter als damit einen hübschen Frühstückstisch zu richten!

Unsere Konserven sind ohne chemische Zusätze und ohne Konservierungsstoffe hergestellt
Maroni in Cognac 7.50
grüne Mandeln 6.50
Nüsse schwarz mit Armagnac 7.50
Vaters Rumtopf
Himbeeren Kompott 4.50
Himbeer-Orange Marmelade 4.50
Pflaumen Marmelade mit Plum Brandy
Zitronen Marmelade 3.50
grüne Tomaten Marmelade
Hagebutten Marmelade hausgemacht
Waldhimbeeren Marmelade hausgemacht 4.50
Heidelbeeren Mark 3.50
Wald Brombeeren Mark

In der Stuttgarter Markthalle

Seht, das Gute liegt so nah: Manche Auslagen, die hier von ortsansässigen Ausländern unterhalten werden, sind in Warenangebot und Aufbau den Märkten in südlichen Ländern zum Verwechseln ähnlich.

Folgende Doppelseite:

In der Fleischhalle von Athen

Marktgeschrei in allen Kojen – da preist jeder Metzgerbursch seine Ware, lautstark und unermüdlich. Hunderte von Glühbirnen beleuchten die in Eisenfiligran gefaßte Szene.

KRISTAL
CONTORA
tukas
TSANTALI
ROSAS
RETSINA
Rize
TÜRKMEN
tiryaki
çay
ÇAY KURUMU

ΜΟΣΧΑΡ
ΦPESKO
89

Taverne in der Athener Markthalle

Das bunte Angebot beim Bummel durch die Hallen macht Appetit. Heute: gefüllte Auberginen, Moussakás und Hammel – die Zutaten gibt's gleich nebenan. Ein Paradies für «sprachlose» Topfgucker, wie überall in Hellas.

Olivenstand in der Athener Markthalle

Oliven, glänzend graugrün, aus aller Herren Inselprovinzen – daneben mancherlei Eingelegtes, Gurken, Paprika, Peperoni und, wichtig bei der Zubereitung von Dolmades, die zarten Weinblätter.

ΚΑΛΑΜΩΝ
ΑΓΡΙΝΙΟΥ
98

Im Basar Khan el Khalili/Kairo

Das Angebot ist nicht üppig – was Wunder, daß sich selten Kundschaft blicken läßt? Um so mehr Zeit bleibt für persönliche Gespräche, am Telefon oder über die Ladentheke hinweg.

70
70

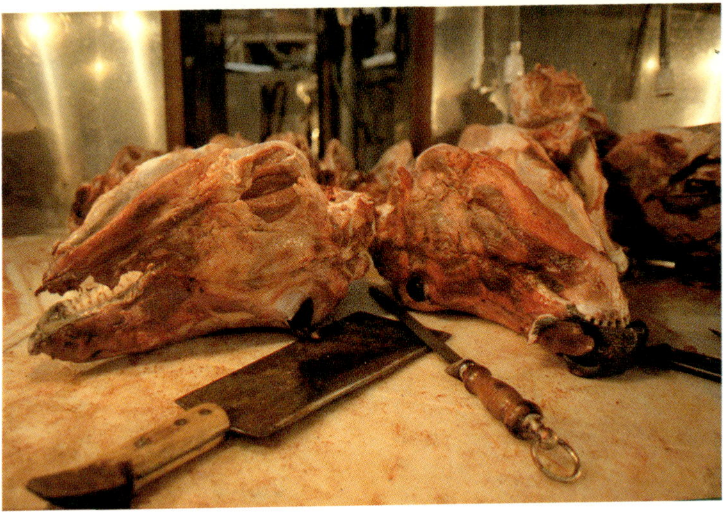

In der Athener Markthalle

Groteske Szene mit Rinderschädeln, fast wie aus einem Gemälde von Hieronymus Bosch.

Linke Seite:

Gemischtwarenladen in der Athener Altstadt

Bohnen, Sago, Reis, Getreide aller Art – direkt aus dem Sack in die Tüte, welche gottlob (noch) nicht aus Plastik ist. Von der Decke hängt ein Exemplar der tausendfach bewährten Flit-Spritze, hier Marke «Devil».

Magazin in der Taverne auf Amorgos/Kykladen

Die Magazinwand als Raumteiler zwischen Küche und Gaststube. Elektrizität gibt's noch nicht, genausowenig wie eine befestigte Straße. Alles, was hier das Lager füllt, wird mühsam mit dem Esel auf steilem Pfad hochtransportiert.

Elite
ΕΘΝΟΣ
ΓΑΛΑ
ΝΟΥΝΟΥ
ΕΒΑΠΟΡΕ

Kosmetikladen
in der
Tübinger Altstadt

Nostalgisches Dekor fürs Schaufenster: Platte und Tretpedal einer ausrangierten Singer-Nähmaschine.

Rechte Seite:

Água de Meninos, Markt in Salvador-Bahia/Brasilien

In den engen Gängen wimmelt es von Schwarzen, Weißen, Mestizen und Leuten, die's nötig hätten, mal wieder zum Friseur zu gehen. Kein Mangel also an Kundschaft. Vergrößern freilich kann der Meister seinen Laden nicht.

utiLAR

Im Basar in Kairo

Welche Duftnote beliebt? Bei diesem Händler kann man jedes erdenkliche Riechwasser bekommen – offen, in Abfüllungen aus den großen Flakons. Süßliche Odeurs werden bevorzugt.

Uhrenladen auf der Athinas/Athen

Während sein Laden umgebaut wird, sitzt der Inhaber lieber draußen vor der Tür; dort kann er gemächlich die Geschäfte mit der «Zeit» abwickeln.

Folgende Doppelseite:

Metzgerei in der Nähe von Kairo

Ein Bild des Präsidenten Sadat schmückt – wie lange noch? – die Metzgerei in der Vorstadt von Kairo. Indes, auch Porträts von Nasser sind noch heute in den Basaren zu finden.

ΟΛΟΓΙΑ
ταριες
ΡΟΛΟΓΙΑ
ΕΠΙΣΚΕΥ
ΤΟΠΟΘΕ
ΣΕ ΗΛΕΚΤ
TIMEX
850
350

Im Basar Khan el Khalili/Kairo

Alles in Ordnung mit der Gewandung? Falls nein:
Hier kann man seine Kleidung ausbessern und bügeln lassen.

Metzger in der Kasbah von Constantine/Algerien

In den engen, windlosen Gassen wogen Gestank und Wohlgerüche atemnehmend durcheinander, wie in vielen moslemischen Altstädten. Die alte Hebelwaage aus Messing bleibt meist schon unbenutzt an der Wand, verdrängt von ihrer moderneren feinmechanischen Schwester.

Im Basar Khan el Khalili in Kairo

Assemblagen aus Rasierpinseln, Feuerzeugen, Kleinradios, Rasierklingen und vielem mehr.

In der Fischabteilung der Athener Markthalle

Fisch, tiefgefroren und steinhart – bei Bedarf wird er mit der Bandsäge in familiengerechte Portionen zerteilt.

98
80
ΦΑΓΚΡΙΑ

Werkzeugladen auf dem Monasteraki/Athen

In den kleinen Handwerkzeug-Magazinen gibt es auf engstem Raum alles, was das Herz des Handwerkers begehrt – vom Herzen des Hobbybastlers zu schweigen.

PEUGEOT

Auf dem Wochenmarkt von Lushoto in den Usambara-Bergen/Tansania

Im Nordosten von Tansania pflegt man die Früchte händchenweise feilzuhalten. Für Nachschub ist offensichtlich gesorgt.

Linke Seite:

Obstladen beim Gemüsemarkt von Athen

Eine mediterrane Obstbühne, zu der stets auch Feigen und Granatäpfel gehören – das Sinnbild für Liebe und Fruchtbarkeit.

32

23
24

Im Basar in Kairo

Ob man sich über Qualität und Menge einig ist oder nicht, auf jeden Fall wird es Kamel sein.

Vorhergehende Doppelseite:

Gemüse- und Obststand in der Athener Altstadt

Keine Reifung ohne Sonne –
und erst die Sonne bringt die Farben recht zur Geltung.

Eierhändler
im Athener
Markthallenviertel

Legionen von Hühnern haben dieses fragile Eiergebirge ermöglicht, samt den dahinter aufgetürmten Steigen.

Linke Seite:

Im Basar in Kairo

Ein besonders schönes Exemplar von Saftspender, sicher noch aus der Zeit König Faruks I. oder gar seines Vaters Sultan Fuad. Hoffentlich werden diese originellen Geräte nicht eines Tages durch Cola- und Limonade-Automaten ersetzt.

Auf dem Stuttgarter Wochenmarkt

Auch im November die buntesten Blumen – Gewächshäuser machen's möglich.

Vorhergehende Doppelseite:

Saftladen in einem Vorort von Kairo

Ein «stationärer» Saftladen – im Gegensatz zum mobilen Gefährt, welches weit häufiger vorkommt. Nur die Frucht bleibt immer dieselbe.

Trödler in Berlin-Kreuzberg

Vier Stühle im granulatgeschwängerten Schnee – falls einer das Angebot besichtigen will . . .

TRÖDEL
KAUFE
ALTE
GRAMMOPHON
Ankauf
Trödel
Geld zu Weihnachten!!!
Kaufe Eure alten Schellackplatten zu Höchstpreisen !!!!!
Trödel

Obststand auf dem Münchner Viktualienmarkt

Nicht nur Marktfrauen nutzen jede Gelegenheit zu einem Schwatz.

Folgende Doppelseite:

In der Athener Fleischhalle

Wie Fensterleder, tropfnaß an den Haken gehängt, trieft's hier vom Pansen ins Faß.

MACCHI
ITALIANA

Rechte Seite:

Alternativer Laden in Berlin

Nicht nur Haus-, auch Ladenbesetzungen gibt's.

Trödler auf dem Monasteraki/Athen

Ein Flohmarkt, wo man noch heute mitunter Originelles entdeckt – wie diesen Gipskopf mit dem Profil Fred Astaires. Leider gibt's nur noch wenige Ecken, die ohne touristischen Tand auskommen.

Dieser Laden ist besetzt !
HIER IS(S)T DIE FRAUEN
LEBENSMITTEL-KOOP
BAUCH-LADEN
Winterfeldt-
Das Geldverdienen der Spekulanten
KEBAP
GHZ

Markt in Lushoto
in den
Usambara-Bergen/
Tansania

Das Warenangebot ist bescheiden in Farbe und Menge. Um so bunter sind die Gewänder der Frauen, die Khanga; alljährlich erhalten die Stoffe ein neues Dekor. Angezogen vom milden Klima im Hochland von Nordost-Tansania, lebten hier ehemals viele Europäer.

Friseurladen in der Altstadt von Kairo

Ein Erlebnis, sich in diesem herrlichen alten Interieur den Bart stutzen zu lassen . . .

Ausländischer Stand in der Stuttgarter Markthalle

Man kann sich wirklich kaum satt sehen, wenn man an den rasterartig bestückten Regalen entlangschlendert.
Sogar die Zutaten zum Kuskusgericht kann man hier kaufen.

Libio
PFEFFER
LiFT
uludağ
SANBU
Ringäpfel
REISMEHL
PIRINÇ UNU
Buğday nişastası
BULGUR
COUSCOUS
la Gazelle
Gold

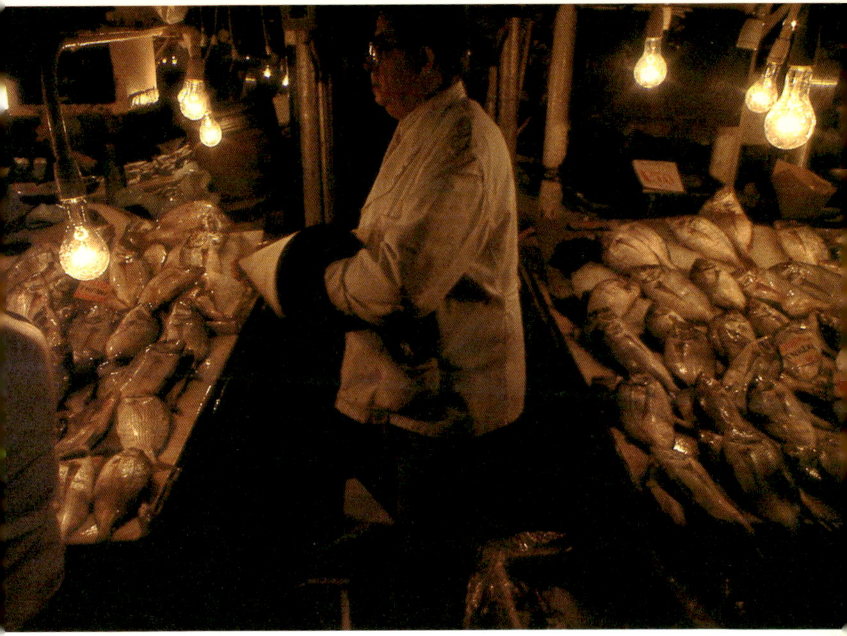

In der Fischhalle in Athen

Vielfältig bricht sich das Licht der Glühlampen in den silbrig glänzenden Fischleibern.

Linke Seite:

Im Basar Khan el Khalili/Kairo

Weinblätter, in kleinen Bündeln aufgeschichtet, und Pfefferschoten, nach Größen ausgelesen – die Grundlage des Geschäfts.

Szene in Luxor/Nil

Zwischen zwei Läden ein fliegender Händler – er wird nach guter orientalischer Sitte von der Konkurrenz geduldet. Sein ständiger Begleiter: die unvermeidliche Wasserpfeife mit anhängendem Zängchen zum Aufbauen und Schüren der Glut im Tönernen Pfeifenkopf.

Im Altstadtviertel von Kairo

Vorm Werkzeugladen eine Reklame für Feuerlöschgeräte.
Auf die frisch lackierten Löscheimer scheint im Ernstfall Verlaß;
doch der Werbeschriftzug an der Wand gemahnt – mit europäischen
Augen betrachtet – verteufelt an das, was er verhindern soll:
züngelnde Flammen.

In der Fleischhalle in Athen

Wie Karnevalsmasken hängen die Schweinsköpfe am Kanthaken aneinandergereiht – scheinen nicht manche sogar zu lächeln?

Auf dem Münchner Viktualienmarkt

Rettiche, Blumenkohl und Paradeiser in gewaltigen Größen – zu jeder Jahreszeit, dank der EG.

Italien
mild
Stck
1.80

Im Basar in Kairo

Fliegende Händler, das Nötige für die «Fladenbrotzeit» verkaufend, haben sich vor einem geschlossenen Laden niedergelassen.

Nachwort

Am Anfang war das Marktgeschrei. Es erhob sich, als Jakobs wüstenweit versprengte Sippe erstmals ein Großtreffen abhielt, mit Sack und Pack. Dabei stellte man im Kreis beisammenkauernd fest, was sich aus Sack und Pack alles feilhalten ließ. Und so begann das erste Kapitel der Handelsgeschichte. Der Lärm war da.

Nicht nur der Lärm! Auch der Gestank, die Nasenerregung, der Schleimhautkitzel, das Modrige und der Duft aller Wohlgerüche Arabiens. Auch der Augenreiz, immer neu stachelnd die Schaubegier: welche Farbenpracht, welche Frische im Schimmer des Obsts – die Paradeiser, die Datteln, das ölige Gleißen in den Oliven-Stellagen, nicht zu vergessen die Arrangements der Eierzeilen, welche Stilleben, rein und konstruktivistisch! Zwei Jahrtausende und vier Standgassen weiter stehn Jakobs Söhne in der Fischmarkthalle, hell und graphitfarben blitzt's übern Blechtisch, Fisch von jeglicher grauer Couleur, leichtverderbliche, schlüpfrige Kost in ihrer Lake – riecht es nicht bis weit vor die Halle? Doch das eigentliche, das intensivste Erlebnis erwartet uns noch: die Erregung im Zugriff, die haptische Wollust – patschdrauf auf die Melone, hinein in den Sagosack, ins Geglitsch der Kalmaren. Der Markt ist das Umfassendste, das Totalste, was dem Homo voluptarius zustoßen kann. Nirgends sonst dringt soviel Reizung auf ihn ein: Sein Tast-, Schmeck-, Schnupper- und Schausinn, alle zugleich werden erregt, von der Ohrenbetäubung zu schweigen. Der Mensch als Sinnenwesen – hier weiß er sich allseits gefordert.

Daß er auch als Hirnwesen gefordert war, merkt er spätestens, wenn man ihn übern Löffel balbiert hat. «So ein Gelumpe!» flucht er zu Haus, wenn der Patentzwiebelschneider tränentreibend versagt. Aber gerad das Gejohl, die Anpreiserei hat ihn verlockt, hat ihn hineingezogen ins Gewühl. Denn jeder Marktgänger ist wundersüchtig insgeheim.

Ist Markthalten Arbeit? Wer was zu Markte trägt, dem winkt der Lohn der Fron: es ist ein Fest, ein Vergnügen, tumultuarisch und derb. Von jeher hat die Menschheit ihre Tage eingeteilt in Markttage und solche, an denen nichts los ist. Sind alle Buden dicht, so verstummt das Geschrei, es ließe sich beten. Nur – selbst Gottesdienste scheinen vielfach nichts wert ohne Kirmes und Messespektakel. Im Schatten des Doms standen schon immer die dichtest umlagerten Buden, im Gassengeviert seitab der Moschee summt Basar-Leben wie nirgends sonst. Kein Tempel ohne Schacherer, keine Kirche ohne billigen Jakob. Das Gotteshaus zieht die Gedanken ins Hohe, der Markt ins überaus Breite.

Nun, daraus ließe sich ein Test gewinnen, noch heute, unter uns Bildungstouristen: Wen drängt es zuerst in den Dom, wen zuerst auf den Markt? Hie die Sammlung, dort die Extraversion, das Bad in der Menge. Gegen die dustre Kühle, die ehrfurchtgebietende Hochragenheit, welche der Seele frommt – brandet helle Zerstreuung, ein Meer von Gequiek, Gegröl, Gaumengenuß und Sinnentaumelei. In den Kirchen die Kunst, und auf dem Markt das kitzelnde Leben. Original. Urwüchsig, wenn auch angeschmuddelt. Verlockung im Bretterkarree, Tand, Tand und «lauter gute War'», die Stände, die Tischzeilen rauf und runter. Hier finden wir das Weltliche – in allerweltlichster Erscheinungsform, laut, spektakelnd, liederlich. Wen's nicht nach der Kunst eines Volks, sondern zuerst nach dem Volk selber drängt, der weiß, welchen Weg er zu nehmen hat. Einen krummen, wupp, über scheppernde Kannen, hirse- oder auch safranbergende Tücher, im Sprung über Blumengebinde, Kräuterbuschel und blechern Geschirr.

Im Staub ein kauernder Kapuzenmann, ein Moslem – was bietet er dar? Notdürftig geschützt gegen den Sand der Sahara: Ziege, in mahlzeitgerechte Portionen zertrennt, er hat das Milchtier tranchiert in die Länge und in die Quere, jetzt reckt er die happenhaltende Hand, drängt auf, ein Kerl im dunkelbraunen Kohlenhändlerrupfen, und was ist mit den Trichinen? Fleischkauf auf orientalisch, da schaudert's die eisschrankverwöhnte Abendlandseele. Auf Papierfetzen liegen, blutblaß, Teile des Tiers – schon drückt er uns das Geklump in die zaghaften Finger. Straßenverkauf elementar, dreckunerschrocken – bei Allah, welche Bodenständigkeit!

In Algerien, Marokko, Tunesien – nirgends, ihr Hygieniker, macht man um das Gefeilsch viel fingerwischenden Umstand. Wer sich hineinwagt in den Bambuskojenschatten afrikanischer Märkte, kennt den plötzlichen Grusel: wie da, zwischen Tüchern, Teppichen, Lumpen, obenauf, mittendarin sich Regendes erkennbar wird, ein Lumpenbündel in Menschengestalt, mürbbraun, schon stakt es auf, zeigt ein Stück schwärenden Schienbeins, unterm Fez ein stumpfblickendes Runzelgesicht, bleckt den entblößten Kamelzahn, einen schwarzgeschrundeten Hauer ... Das ist der Markt der Allerärmsten: kaum durchdringlich, abstoßend, gefährdungsreich, ein uns verschlossenes Exotikum, durchtaumelt von bresthaften Greisen, Bilharzinose-Blinden, hageren Krüppeln, auf Krückstöcken humpelnden Bettlern, räudig, fliegenumsummt. Doch selbst im Schrecklichen schlummert die Faszination. Geheimnisvolle Lethargien, Tohuwabohu im Dämmer sonnenschraffierten Lattenwerks: was geht da vor? Nie begegnet uns der Orient exotischer als hier, in den Bretterverschlägen seiner Handelsreviere. Welch ein verstaubtes, gackerndes, nach Fenchel und Ziegenbock stinkendes Märchen!

Fremd bleibt uns vieles in den Basaren des Orients. Nicht nur die Nase tut sich manchmal schwer, nicht nur die Zunge stößt an Problematisches. Auch die Gesittung, die fremde Art, die ungerührte Manier – viel will bewältigt sein. Die sorglose Roheit zum Beispiel, mit welcher der Beduine seine soeben erworbenen Hennen, ihre Gelbfüße bündelnd, stundenlang übern Platz schleppen wird – lebende Hennen, kopfunter, mit starr gewendeten Hälsen, um dem Blutdrang entgegenzuwirken, der in den Kamm schießt ...

Athen, die Markthalle: Drehscheibe der mittelmeerischen Kulinarik – West und Ost, Okzident und Orient, beide gleich nah, gleich verlockend. Verschlag an Verschlag, allein die Bohnenläden eine kaum zu überschauende Flucht, ein Gemüsemeer, grüngeschotet, Fasolja in jeder Preislage, die Händler rufen sich heiser, und die Preisschilder schüren Klassen-Bewußtsein: Bohnen zu fünfzig, Bohnen zu sechzig, Bohnen zu siebzig Drachmen, jetzt, Hausmann, entscheide! Und schau nicht allzutief ins bunte Plastikfaß mit den Oliven, gib acht auch auf den Knoblauchkärrner und tritt nicht das rotblonde Welpchen, das ohne zu jaulen in Richtung Fleischhalle streunt, den langen Spalieren blankhalsiger Hähnchen entgegen. Immer grotesker wird dort die Szene: Schweinsköpfe am Kanthaken, rotverschmiert, wie lächelnd sehn manche aus, und die Haxen, die schlanken, als hätte sie jemand verschönt mit knalligem Nagellack. Tatsächlich zeigt der Gehilfe des Hallenmetzgers einigen Witz – steckt er doch seine Zigarette – «Numero Penthe», dem nächstbesten Schwein in die Schnauze. Eine Etage darunter der Pansen: Kutteln . . . Reinlicher, nur geurteilt nach dem Wasserverbrauch, scheint's in der Fischhalle zuzugehn, indessen stinkt's hier auch stärker. Fast aseptisch, keimfrei wie Antarktis-Eis: der tiefgefrorene Fisch – sooft ein Kunde kommt, muß der Verkäufer zur Bandsäge greifen. – Und weiter den Peperonibergen entgegen, goldgelb, und den vielerlei Sauergemüsen – allein die Vorstellung, sich in den Paprika zu werfen wie auf kühlgewulstetes Mobilar, ein Bett aus nichts als sanften roten Schoten, geht's sybaritischer?

«Die Wochenmärkte unter freiem Himmel», faßte Meyers Konversationslexikon 1890 abstandnehmend zusammen, «gefährden die Gesundheit von Käufern und Verkäufern, schaden der guten Erhaltung der Ware, beeinträchtigen den freien Verkehr und hinterlassen Unreinlichkeiten, die der Gesundheit Schaden drohen. Es empfiehlt sich daher die Einrichtung gedeckter Markthallen (franz. halles, Zentralmarkthallen), wie eine solche neuerdings in Berlin errichtet wurde und in Leipzig in Angriff genommen worden ist. An großen Orten, wie insbesondere in den Hallen von Paris, hat sich aus dem alten Wochenmarkt ein großartiges zentralisiertes Geschäft mit örtlicher Scheidung der einzelnen Artikel sowie eine Trennung zwischen Verproviantierungs- und Detailmarkt herausgebildet.» Wie's weiterging mit dem großartig zentralisierten Geschäft, ist der Nachwelt bekannt. Je mehr die Markthallen abhandenkommen, desto ahnungsvoller wird uns zu Sinn. Nicht nur aus Nostalgie.

Uns heute schärfen sich die Sinne fürs Entschwundene – Stichwort «Lebensqualität». Wohin ist das Aroma unsrer Früchte, mit welchen Düngern zum Teufel gegangen? Wohin der Geschmack, bei all den Konservierungsstoffen? Wohin die Trinkbarkeit, bei allem keimetötenden Gepansch? Der Markt ist unser Nostalgie-Erlebnis: Garant des Ursprünglichen, Verkaufsstand für den Naturwuchs. Was jedem Jakob früher billig war – wir nennen's preiswert, reell, nicht überteuert, fein gesagt: wohlfeil. Was den Alten geschmeckt hat – wir nennen's köstlich. So pittoresk, so preziös rührt unsern Sinn Markttreiben an.

Offen gestanden, es war dies nicht immer so. Das Vulgäre gehörte dazu. Mit Marktweibern war heikel Kirschen essen, das Emanzipationsthema stellte sich gar nicht erst – die Weiber hatten Haare auf den Zähnen und eine flinke Fliegenpatsche auf dem Obst. Wer am Stand kaufte, bekam zum Wechselgeld oft noch den Spott: «I glaub, du brauchst a Seifn, du hast so dreckate Händ.» Oder, dem Drängler am Münchner Viktualienmarkt samt einem wiehernden «Naaa!» ins Antlitz geschleudert: «Du kommst noch net dran! Erst kommen die Frauen. Das geht der Schönheit nach, gell, da kannst du dir ausrechnen, wannst drankommst.» So rammelg'schert ging es zu, damals, zur guten alten Zeit der Salbenkrämer, Schuhbandverkäufer, Fußbalsam-Philosophen, Hornhautspezialisten und Wunderpfannen-Anpreiser. Auch die Gemüsestandverkäufer waren da noch akkurat so knorrig und von tränentreibender Derbheit, wie's der Rettich war, den sie in Büscheln feilboten.

Lang ist das her. Die Tandlmärkte feiern heutzutag zwar als Flohmärkte scheinfröhliche Urständ, aber ein «Dorado für Entdecker und Sammler», eine «Fundstätte für Neuheitenjäger», wie uns dies Gisela Lorenz aus den «ergötzlichen» Tagen der Auer Dult zu München berichtet, sind diese Spekulierwarenmessen längst nicht mehr. Die blumenberankte Wiener Tasse, «In Liebe Dein», und der sprichwörtliche einzelne Schuh mit dem schiefen Absatz – wir finden sie wohl beide kaum: die Tasse nicht, weil sie längst der Antiquitätenhändler geholt hat, den Schuh nicht, weil der Sperrmüll drüberkam. Der Sinn fürs Glump, für den ehrlichen Trödel schwindet dahin – grad daß er in der dritten Welt noch vorkommen mag.

Die Trödler sind unter den Händlern des Markts die Introvertierten, sie versuchen ihr Lebtag lang etwas Hochparadoxes: den *gesamten* Markt mit all seinen Ständen hereinzuholen in einen *einzigen* Laden. Welch liebenswürdiger Wahn! Heute geht die Tendenz – wie heißt doch das Wort? zur «Diversifikation». Man hält verschiedene Dinge auf Lager – reinlich sortiert, sorgsam getrennt: Porzellan-Uhus bitte in der zweiten Etage, Abteilung Heimschmuck. Das Undurchschaubare, das Durcheinander gibt's nicht mehr, kaum mehr beim Trödler. Die Jahr- und Wochenmärkte früherer Zeiten, wie buntverwirbelt waren die! Ein einziger marktplatzfüllender Laden: «Erfreulich Nutzloses und durchaus Brauchbares, Kunst und Tand, Steckerlfisch und Biedermeier in vollendetem Durcheinander. Zauber der Beschaulichkeit, eine Spur Romantik und ganz alltägliche Geschäftigkeit, vermischt mit Glühwürmchen aus dem Orchestrion und Lady Mary drüben vom Autoscooter.» Da war noch zu merken, daß Jahrmarkt und Schaustellerei innig zusammengehörten. Das Bunte und Fremde, das Staunenerregende, ja das

Unglaubliche war die eigentliche Verlockung: im Jahrmarkt tat sich die Gegenwelt zum Vertrauten auf. Und alle Fahrenden, alle in pittoresker Unbehaustheit durch die Lande Ziehenden hatten ihr Ziel. Eine churbaierische Landesverordnung vom Jahr 1771 rügte denn auch, es drängten auf die Volksmärkte «nicht nur Steig- und Wallfahrtsbettler», sondern obendrein alle «sich hereinschwerzende auswärtige Musikanten, welsche Pfaffen, Bärntreiber, Schattenspieler, zusammgeloffene Commedianten, Gauckler, Tanzer, abgedankte Soldaten, Studenten, Schreiber . . .»

Wer sich zum Markt niederläßt, erprobt Seßhaftigkeit in ihrer provisorischsten Form. Er ist kein Vagant, kein Umherziehender mehr, aber die Frist seines Bleibens ist reguliert, oft minutengenau: Noch ehe die Sonne voll im Zenit steht, klaubt er die kunterbunt um die eigene Achse verstreute Habe wieder zusammen, schmeißt's auf den Haufen, verschnürt's, holt herbei die weit in die Gasse gestellten Geschirre, holt herab die hoch an Stangen baumelnden Gewänder, verschnürt die einladend aufgekrempelten Säcke . . . Siesta: alle Verschläge sind zu. Und alle Karren rumpeln davon in die Schlagschattenkühle.

Den Unterschied zu erfassen, in soziologischer Hinsicht, könnte wohl reizen. Was trennt sie, was privilegiert sie, was macht sie den anderen unterlegen: hie den uneingetragenen Verein der Budenpächter, lockrufmunter oder auch dösend – und dort die schlurfende, die schellenlaute Zunft der Karrenkrämer? Neigen die ersten zum steten, hockbehaglich und stumpf, so tendieren die zweiten eher zum reisigen Leben, richtungslos, unkontrollierbar. Freizügigkeit, Beweglichkeit ist ihr Trumpf: denn kommt der Mensch nicht zur Ware, dann heißt's mit der Ware zum Menschen zu kommen.

Das Geheimnis heißt Mobilität. Wie kleine Zirkuswagen sehn sie aus, knatschgelb: die Kuskus-Gefährte von Monastir, Kairouan, Sfax. So viele Händler, so viele Karren. Da sind die grünen, sonnenbeschirmten Rumpelradwagen der Juice-Shoppers vom Nil, der Saft-Heinis in der Millionenstadt Kairo. Plump die Wollverkäufer-Pritschen, mit Baumwollsäcken, woraus es flockt wie freiverkäuflicher Nikolausbart; aus demselben Bartmaterial findet sich Text auf den Säcken, in arabischer Schlingung. Dann die Gefährte der Apfelsinen-, Limonen-, Papayaverkäufer, in Recife zum Beispiel, im ärmsten brasilianischen Nordosten – Papaya: ein grünsattes Fruchtgebirg, schimmernd in allen Nuancen!

Zuckerrohrschnaps (Cachaça), mit Limonen angesetzt: Alkohol für die Ärmsten der Armen, Batida. Fünfzig Pfennig das Glas. Und schließlich Fleischer-, Fischer-, Schlosser-, Schneiderkarren, ganze Innungen sind unterwegs im Staub der Straße. Auch hierzulande rekrutierte sich der noble Stand der Antiquare vordem aus ordinären Büchertandlern – noch heute ist dies, weitab von der Seine, bis hinunter zum Gambia-Fluß, bis zum Indus und Amazonas, eine gängige Form des Literaturangebots: der Kärrner kommt, legt seine Druckwaren aus in der Gosse, die Bücher im Rinnstein, als wären's aus Schulranzen gefallene Kladden.

Ein Wellblechrollo – und wehe, wenn es hochgelassen! Dann blitzt die afrikanische Sonne über Hunderte von Rasierpinseln hin, bleicht Taschentüchlein, Baumwollshirts und Kunstblumen, schmort herab auf Musikkassetten, TV-Bildröhren, Schallplatten, Messingschrauben. Und ein Gipskopf mit Strohhut im Fenster. Oder wo war's, wo wir den Gipskopf sahen? Egal, dergleichen wird's geben, in Karlsruhe genausogut wie in Daressalam, solang des Menschen Gelüst, jede erlangbare Ware, auf ein Verkaufswunder hoffend, zu magazinieren, nicht vollends enttäuscht und verkümmert ist. Lauter Tand, untauglicher Trödel, zerbeultes Gerümpel? Von wegen! Hier gibt's noch echtes Recycling, kein Ding, das nicht wiederverwendbar wär' – auch die Nowaks von Afghanistan, Tansania, Peru lassen, bei Gott nichts verkommen.

Jahrhundert-, jahrtausendelang hat es die Menschheit zum Markte gedrängt, feilschend, schratelnd und schachernd, mit Getöse und mit Gedöse – fragt sich trotzdem wie lang noch? Wenn unsre Großväter in den Basar gingen, dann gingen sie ins städtische Warenhaus. Wenn wir heute uns zum Einkauf in den Supermarkt verfügen, landen wir in einem Nahrungsmittel- und Produkte-«Zentrum», dessen Direktor sich nirgends blicken läßt. Das Wort «Markt» täuscht vor, es gebe hier nicht bloß vielerlei Waren, sondern auch vielerlei Herrschaft, eine jede berechtigt zum Tauschen und Feilschen und Handeln und konkurrierend, von Stand zu Stand ein wechselnder Besitz. Unfromme Täuschung! Das Marktgeschrei heute ist ein Lautsprechergong, hinweisend auf ein Sonderangebot Gurken «in unserer Lebensmittelabteilung».

Kein Gefeilsch mehr und kein Gefopp. Statt dessen: chromblitzende Korbwagen, die sich vor Registrierkassen stauen. Der Markt ist verkommen zum Supermarkt.

Über den Herausgeber:

Klaus D. Appuhn machte eine Lehre als Möbelschreiner und studierte danach Innenarchitektur. Durch seine ausgedehnten Reisen motiviert, ließ er sich im Lette-Verein in Berlin zum Fotografen ausbilden, fotografiert einige Jahre in einer Werbeagentur und arbeitet seitdem als selbständiger Foto-Designer in Stuttgart.

Über den Nachwortautor:

Ruprecht Skasa-Weiß hat Germanistik, Literaturwissenschaften und Psychologie studiert und gehört seit 1963 der Kulturredaktion der «Stuttgarter Zeitung» an. Er ist für das Wochenend-Feuilleton verantwortlich. Seine Interessen gelten der Kleinkunst, der Gegenwartssprache, dem Film, Cartoons, der Fotografie, dem Schach- und dem Fernsehspiel sowie der Psychologie.

Fotografie

Johann Willsberger
Alte Cameras
151 Seiten, 68 farbige Abb.
14,80 DM
Band 93

Ludwig A. C. Martin (Hrsg.)
Hundert Jahre
Weltsensation in Pressefotos
362 Seiten, 351 Abb.
14,80 DM
Band Nr. 120

Hermann Rückwardt
Das kaiserliche Berlin
53 Photoaufnahmen
aus dem Jahre 1886
Erläuterung und Nachwort
von Hans Schiller
128 Seiten, 14,80 DM
Band Nr. 170

Wolfgang Lauter
Tür und Tor
Zwischen drinnen
und draußen
Nachwort von Lore Ditzen
175 Seiten, 80 Farbfotos
16,80 DM
Band Nr. 180

Friedrich Seidenstücker
Von Weimar bis zum Ende
Fotografien aus
bewegter Zeit
Herausgegeben
von A. und J. Wilde
512 Seiten, 463 Abb.
29,80 DM
Band Nr. 181

Didi Petrikat
Wiener Läden
Mit Sätzen von
Peter Handke
96 Seiten, zahlreiche
farbige Abb., 14,80 DM
Band Nr. 188

Elke Dröscher
Kinder-Photo-Album
Nachwort von Fritz Kempe
196 Seiten, 80 Abb.,
16,80 DM
Band Nr. 189

Robert Lebeck
In Memoriam
Fotografien auf Gräbern
Einführung von Fritz Kempe
175 Seiten, 80 farbige Abb.
19,80 DM
Band Nr. 195

Werner Bokelberg (Hrsg.)
Sisis Familienalbum
Private Photographien
der Kaiserin Elisabeth
Erläuterung und Einführung
von Brigitte Hamann
153 Seiten, 119 Abb.
19,80 DM
Band Nr. 199

Werner Bokelberg (Hrsg.)
Sisis Schönheitenalbum
Private Photographien
der Kaiserin Elisabeth
Erläutert v. Brigitte Hamann
168 Seiten, 129 Abb.
19,80 DM
Band Nr. 206

Rolf D. Schwarz
Neon
Leuchtreklame in den USA
112 Seiten, 88 Farbtafeln
19,80 DM
Band Nr. 216

John Thomson
Street-life in London
Eine Fotoreportage
aus dem Jahre 1876
Mit Nachdruck der
englischen Kommentare
von John Thomson
und Adolphe Smith
181 Seiten
36 Abbildungen
14,80 DM
Band Nr. 217

Leopold Reutlinger
Die Schönen von Paris
140 Photographien
aus der Belle Époque
Herausgegeben von
Robert Lebeck
Nachwort von
Nicolaus Neumann
279 Seiten
24,80 DM
Band Nr. 227

Werner Bokelberg (Hrsg.)
Sisis Künstleralbum
Private Photographien
aus dem Besitz
der Kaiserin Elisabeth
Erläuterung und Einleitung
von Brigitte Hamann
154 Seiten
120 Abbildungen
19,80 DM
Band Nr. 266

Wolfgang Lauter
Fenster
Einblicke und Ausblicke
Mit einem Nachwort
von Kyra Stromberg
163 Seiten
80 Farbabbildungen
19,80 DM
Band Nr. 275

Sisis Fürstenalbum
Private Photographien aus
dem Besitz der Kaiserin Elisabeth
Erläutert und mit Einführung
von Brigitte Hamann
145 Seiten
121 Abbildungen
19,80 DM
Band Nr. 281

Francois-Xavier Bouchart
Cafés de Paris
Nachwort von
Klaus-Peter Schmid
93 Seiten, 70 Farbtafeln
16,80 DM
Band Nr. 284

Karl Blossfeldt
Urformen der Kunst
Photographierte Pflanzen
Nach der Ausgabe Berlin 1929
272 Seiten, 120 Abb.
14,80 DM
Band Nr. 303

Rainer Fabian (Hrsg.)
Wir, damals . . .
Gruppenaufnahmen
in der frühen Fotografie
176 Seiten
120 Abbildungen
14,80 DM
Band Nr. 310

Nikolas v. Safft
Haltestellen
des Lebens
S-Bahnhöfe in Berlin
92 Seiten
73 Abbildungen
14,80 DM
Band Nr. 324

Träume vom Helden
Nachdruck der Zeitschrift
„Vedettes de Cinéma“
ca. 220 Seiten
ca. 300 Abbildungen
14,80 DM
Band Nr. 333

Länder, Reisen, Volkstum

Theodore de Bry
Das vierdte Buch von der neuwen Welt
Nach der Ausgabe von 1594
194 Seiten, 26 Abbildungen,
9,80 DM
Band Nr. 10

Karl Baedeker
Rheinreise von Basel bis Düsseldorf
Nach der Ausgabe von 1849
Nachwort von
Peter Baumgarten
498 Seiten, zahlreiche
Ansichten, Pläne und
Karten,
14,80 DM
Band Nr. 29

Der Markusplatz zu Venedig
Nach der Ausgabe von 1831
Einführung von H. Keller
61 Seiten, 17 Farbtafeln
9,80 DM
Band Nr. 36

Heinrich Zschokke
Die klassischen Stellen der Schweiz
Nach der Ausgabe von 1842
Nachwort von
Peter Baumgarten
84 Abb. von G. A. Müller
596 Seiten,
16,80 DM
Band Nr. 46

Das malerische und romantische Deutschland
In Stahlstichen
Nachwort von M. Bernhard
424 Seiten, 389 Abb.
12,80 DM
Band Nr. 82

Harald Keller (Hrsg.)
Das barocke Rom
In Kupferstich-Veduten
250 Seiten, 110 Abb.
14,80 DM
Band Nr. 92

Carl Ludwig Frommel
Baden-Baden und seine Umgebungen in malerischen Ansichten
Text von Hofrat Schreiber
Nach der Ausgabe von 1843
Nachwort von R. Theilmann
25 Tafeln und ein
herausklappbares Panorama
152 Seiten, 12,80 DM
Band Nr. 98

Salomon Kleiner
Das florierende Wien
142 Veduten
Nach Kupferstichfolgen
der Jahre 1724/37
Nachwort von E. Herget
307 Seiten, 142 Abb.
14,80 DM
Band Nr. 104

Salomon Kleiner
Schönbornschlösser
45 Veduten
Nach Kupferstichen
der Jahre 1726/31
Nachwort von
Harald Keller
136 Seiten, 45 Abb.
9,80 DM
Band Nr. 110

Theodor Fontane
Jenseit des Tweed
Nach der Erstausgabe
von 1860
Mit Bleistiftzeichnungen
von Bernhard v. Lepel
und ausführlichem Anhang
Herausgegeben von
Otto Drude
439 Seiten, 14,80 DM
Band Nr. 144

Matthäus Daniel Pöppelmann
Vorstellung und Beschreibung des Zwingergartens zu Dresden
Nach dem Stichwerk
von 1729
Nachwort von
Harald Keller
83 Seiten, 12,80 DM
Band Nr. 151

Erika Neubauer
Wiener Barockgärten
Mit Veduten
von Salomon Kleiner,
J. B. Fischer von Erlach,
B. Bellotto u. a.
201 Seiten, 84, teilweise
farbige Abb., 14,80 DM
Band Nr. 158

Völkergallerie Europas
60 Farbtafeln
Nach der Buchausgabe
von 1830
Nachwort von Gretel Wagner
141 Seiten, 16,80 DM
Band Nr. 162

Lucian Reich
Die Insel Mainau und der badische Bodensee
Nach der Ausgabe von 1856
Nachwort von H. Bender
335 Seiten
10 farbige Abbildungen
14,80 DM
Band Nr. 164

Hermann Rückwardt
Das kaiserliche Berlin
53 Photoaufnahmen
aus dem Jahre 1886
Erläuterung und Nachwort
von Hans Schiller
128 Seiten,
14,80 DM
Band Nr. 170

Salomon Kleiner
Das Belvedere zu Wien
Nach dem Stichwerk
in 140 Blättern
aus den Jahren 1731–1740
Nachwort u. Erläuterungen
von Elisabeth Herget
248 Seiten, 140 Abb.
14,80 DM
Band Nr. 171

Heide Bideau
Heiteres Venedig
Kupferstich-Veduten
nach Gemälden v. Canaletto
151 Seiten, 63 Abbildungen
9,80 DM
Band Nr. 179

Caspare Fossati
Die Hagia Sophia
Nach dem Tafelwerk v. 1852
Nachwort von Urs Peschlow
100 Seiten
25 farbige Abbildungen
12,80 DM
Band Nr. 187

Didi Petrikat
Wiener Läden
Mit Sätzen v. Peter Handke
96 Seiten, zahlreiche
farbige Abbildungen
14,80 DM
Band Nr. 188

Bella Napoli
Neapolitanisches Volksleben
in kolorierten Lithographien
von Gaetano Dura
Mit dem Aufsatz „Neapel“
von Ferdinand Gregorovius
125 Seiten, 40 Farbtafeln
16,80 DM
Band Nr. 234

Matthias Diesel
Kurbayerische Schlösser
Nach einer Vedutenfolge um 1720
Erläuterung und Nachwort von Peter Volk
94 Seiten, 35 Tafeln
12,80 DM
Band Nr. 240

Ladies, Lords und Liederjane
Präsentiert von Henning Schlüter
222 Seiten, 171 Abb.
14,80 DM
Band Nr. 241

Tirol in Bildern
Trachten- und Landschaftsbilder
Nachdruck der Tafeln um 1830
Nachwort von Erich Woldan
80 Seiten, 63 Farbtafeln
14,80 DM
Band Nr. 247

Thomas Rowlandson / August Pugin
Weltstadt London
Eine Auswahl aus dem Ansichtenwerk v. 1808–1810
Erläuterung und Nachwort von Edmund Launert
144 Seiten, 66 Farbtafeln
16,80 DM
Band Nr. 261

Katsushika Hokusai
Die hundert Ansichten des Berges Fuji
Fugaku Hyakkei
Gesamtausgabe
Mit Erläuterungen von Franz Winzinger
180 Seiten, 103 Abb.
16,80 DM
Band Nr. 274

Laurens Janscha und Johann Ziegler
Malerische Rheinreise
von Speyer nach Düsseldorf
Nach der Erstausgabe von 1799
Nachwort von Arno Kappler
120 Seiten, 50 Farbtafeln
16,80 DM
Band Nr. 283

Francois-Xavier Bouchart
Cafés de Paris
Nachwort von Klaus-Peter Schmid
93 Seiten, 70 Farbtafeln
16,80 DM
Band Nr. 284

Die Häuser der Lords und Gentlemen
Schlösser und Landsitze in England um 1700
Erläutert und mit einem Nachwort von John Harris
213 Seiten, 80 Tafeln
14,80 DM
Band Nr. 304

Carl Schütz / Johann Ziegler / Laurens Janscha
Die Wiener Ansichten
Die Wiener Straßenbilder des Rokoko
Mit einem Vorwort und Erläuterungen zu den Tafeln von Christian M. Nebehay
134 Seiten
52 farbige Abbildungen
19,80 DM
Band Nr. 307

Edward Dodwell
Griechenland und seine klassischen Stätten
Ein Reiseführer aus dem Jahr 1830
Herausgegeben von von Ulrich Sinn
94 Seiten
31 farbige Abbildungen
19,80 DM
Band Nr. 325

Traurige Schicksale der Liebe
Moritatentafeln
Herausgegeben und mit einem Nachwort von Theodor Kohlmann
165 Seiten
75 Abbildungen
19,80 DM
Band Nr. 329

Wiener Typen
Herausgegeben und mit einem Nachwort von Reingart Witzmann
ca. 180 Seiten, 80 Abb.
16,80 DM
Band Nr. 339

Friedrich v. Hellwald
Entdecken wir Amerika
Bilder vom Aufbruch eines großen Landes
Nachwort von Henry Marx
ca. 200 Seiten
120 Abbildungen
14,80 DM
Band Nr. 341

Reklame von gestern

Robert Lebeck (Hrsg.)
Reklame-Postkarten
Nachwort von J. Kesting
176 Seiten, 80, meist farbige Abb., 16,80 DM
Band Nr. 69

C. P. Maurenbrecher (Hrsg.)
Europäische Kaufrufe I
Straßenhändler in graphischen Darstellungen
Mitteleuropa, England, Rußland
200 Seiten, 93, großenteils farbige Abb., 19,80 DM
Band Nr. 163

C. P. Maurenbrecher (Hrsg.)
Europäische Kaufrufe II
Straßenhändler in graphischen Darstellungen
Frankreich, Italien, Iberische Halbinsel, Konstantinopel
180 Seiten, 83, teilweise farbige Abb., 16,80 DM
Band Nr. 172

Wolfgang Lauter
Schöne Laden- und Wirtshausschilder
131 Seiten, 69 Farbtafeln
16,80 DM
Band Nr. 218

Robert Lebeck (Hrsg.)
Alte Reklame – Made in USA
Nachwort von G. Kaufmann
180 Seiten, 80 farbige Abb.
16,80 DM
Band Nr. 230

Ulrich Feuerhorst / Holger Steinle
Email-Plakate
96 Seiten, davon 63 Farbseiten, 16,80 DM
Band Nr. 252

Michael Tafelmeier (Hrsg.)
Die dreidimensionale Verführung
Reklame auf alten Blechdosen
126 Seiten, 106 teils farbige Abbildungen, 16,80 DM
Band Nr. 311